HORATIUS COCLES,
ACTE LYRIQUE.

HORATIUS COCLÈS,

ACTE LYRIQUE,

REPRÉSENTÉ
POUR LA PREMIERE FOIS,
SUR LE THÉATRE NATIONAL
DE L'OPÉRA.

Le Décadi 30 Pluviôse.

Prix 25 sols.

A PARIS;

De l'Imprimerie de P. DE LORMEL, rue du
Foin Saint-Jacques.

M. DCC. XCIV.

L'an deuxième de la République Française.

Les Paroles du Citoyen ARNAULT.

La Musique du Citoyen MÉHUL.

ACTEURS CHANTANTS
DANS LES CHŒURS.

CÔTÉ DROIT.   CÔTÉ GAUCHE.

Les Citoyens	Citoyennes.	Les Citoyens	Citoyennes
Duplessier.	Joséphine.	Le Cocq.	Launer.
Devillier.	Gouémelle.	Deville.	Maker.
Duraix.	Himm.	Aubé.	Beaumont.
Le Roye.	Aubri.	Gontier.	Gambois.
Puteau, l.	Bozon.	Flanchet.	Duchesne.
Puteau, c.	Petit.	Tacussiet.	La Croix.
L'Hoste.	Royer.	Le Roux, 1.	Legrand.
Cavaillès.	Dumurier.	Lory.	
Moulin.	La Haye.	Chevrier.	
Duchamp.		Le Roux, 3e.	
Cholet.			
Brielle.			
Débérik.			
Ramey.			

ACTEURS CHANTANTS.

VALERIUS PUBLICOLA, *Consul*,
Lays.
HORACE *surnommé* COCLÈS, Chéron.
MUTIUS SCÉVOLA, Laîné.
LE JEUNE HORACE, Rousseau.
UN AMBASSADEUR DE PORSENNA, Dufresne.
SÉNATEURS.
ROMAINES.
SOLDATS.
CAPTIFS.
PEUPLE.

La Scène est à Rome.

HORACE,
ACTE LYRIQUE.

Le Théatre représente une Vue de Rome. On apperçoit le pont Sublicius & une des principales portes. Dans l'intervalle qui sépare le Tibre des murs de la ville, est un tombeau élevé à BRUTUS. Le camp de PORSENNA se distingue dans le lointain.

SCENE PREMIERE.
VALERIUS, HORACE, PEUPLE ROMAIN.

CHOEUR DE ROMAINS.

ET pour l'univers & pour Rome,
Ce jour est un jour de douleur ;
A Rome il ravit un vengeur,
Au monde il ravit un grand homme.

HORACE.

Chœur de Romaines.

Brutus, tu dois être à la fois
Honoré d'un sexe & de l'autre :
Du tien tu rétablis les droits,
Et tu vengeas l'honneur du nôtre.

Valerius.

O Brutus ! fixe tes regards
Sur les bords défolés du Tibre ;
Contemple, au sein de ces remparts,
Rome affiégée & toujours libre.
Des rois les efforts feront vains,
Nous en atteftons ta mémoire ;
Et la liberté des Romains
Doit durer autant que ta gloire.

Horace.

Bellone accable nos guerriers
De tous les fléaux qu'elle entraîne.
La faim pourfuit dans fes foyers
Le foldat vainqueur dans la plaine.
Sur le vieillard mourant, fur l'enfant au
    berceau,
    Elle étend fa main déchirante ;
Elle tarit le fein de la mère expirante :

ACTE LYRIQUE.

Et Rome aux regards ne préſente
Que des ſpèctres errans dans un vaſte tombeau.

Le Chœur.

Mais les éfforts des rois ſont vains,
Nous en atteſtons la mémoire.
Oui, la liberté des Romains
Doit durer autant que ta gloire.

Valerius.

Dût encor s'augmenter le péril où nous
  ſommes,
Sache le contempler ſans en être abattu,
Peuple libre; ah! ce n'eſt qu'à force de vertu
  Qu'on laſſe le ſort & les hommes.

Horace.

Vous le ſavez, les deſtins ennemis
  M'ont ravi l'eſpoir de ma race.
  Il n'eſt plus de fils pour Horace,
  Mais il lui reſte ſon pays.

Montrer la tendreſſe d'un père,
Ce n'eſt pas ſe déshonorer;
Et ſur une tête auſſi chère,
Un homme, un romain peut pleurer.

HORACE,
Sans que le devoir en murmure,
Le sang peut élever la voix;
Du devoir je connois les droits,
Et je sens ceux de la nature.
Mais au sein des maux les plus grands,
Non moins courageux que sensible,
On n'en doit vouer aux tyrans
Qu'une haine encor plus terrible.

(*Il prend le poignard déposé sur le tombeau de* BRUTUS.)

Par ce fer qu'à nos yeux consacroient à la fois,
Et le sang de Lucrèce, & le bras d'un grand
    homme,
Jurons la ruine des rois,
Jurons la liberté de Rome.

L e   C h o e u r.

Jurons la ruine des rois,
Jurons la liberté de Rome.

ACTE LYRIQUE.

SCENE II.

LES PRÉCÉDENTS, MUTIUS *vêtu en Toscan.*

MUTIUS.

Horace !

HORACE.

Mutius !

MUTIUS *à* HORACE.

     Remets entre mes mains
Ce fer, ce monument de pudeur & de crime.

HORACE.

Ce glaive encor fumant du sang de leur victime
En doit être lavé dans le sang des Tarquins.

MUTIUS.

  Un projet encor plus sublime
  Romains, doit en armer mon bras.

VALERIUS.

Quel est-il ce projet ?

MUTIUS.

     Liberté, tu verras
Ce que peut un Romain que ton génie anime.

HORACE,

HORACE.
Quoi, Mutius, après ses attentats
Tarquin vivroit !

MUTIUS.
Malgré sa haine,
Tarquin, privé d'appui, n'auroit été jamais
Que l'obscur témoin des succès
De la vertu républicaine.
Il n'est ni roi ni citoyen,
On peut le condamner à vivre.
Mais c'est de ce tyran, d'un tyran le soutien,
De Porsenna qu'il faut que mon bras vous délivre.

Romains, ne nous abusons pas.
Trop long-temps notre erreur extrême
A fait la guerre à des soldats ;
Je la déclare au tyran même.
J'affronterai, dans mon transport,
La garde dont il s'environne ;
Heureux de recevoir la mort,
Pourvu que mon bras la lui donne.
Je tomberai percé de coups,
Mais les miens auront sauvé Rome ;
Et du moins le salut de tous
Romains, n'aura coûté qu'un homme.

ACTE LYRIQUE.

Valerius.

J'admire en frémissant le plus beau des projets.

Le Chœur.

Périlleuse & noble entreprise !

Mutius.

N'en retardons pas le succès.
Près du roi des toscans j'attends un libre accès
 Sous cet habit qui me déguise.
Donne ce glaive.

Horace.

 Arrête. Et vous, Peuple Romain,
Retenez ce héros qu'un zèle aveugle entraîne.
Le succès est douteux, le péril est certain.

Mutius.

La gloire n'est pas moins certaine.

Duo.

Horace.

Je suis vieux, & je veux par un sublime effort
Terminer ma carrière en sauvant ma patrie.
Mutius, laisse-moi répandre sur ma mort
 La gloire dont brilloit ma vie.

HORACE,

Mutius.

Je suis jeune, & je veux par un sublime effort
Éterniser ma gloire & sauver ma patrie.
Pour m'immortaliser j'ai besoin de la mort,
  Lorsqu'il te suffit de ta vie.

Horace.

Du trépas je dois préserver
Et ta jeunesse & ta vaillance.

Mutius.

A Rome je dois conserver
Ta force & ton expérience.

Horace.

Laisse-moi finir en soldat
Des jours qui bientôt vont s'éteindre.

Mutius.

Long-temps j'en admirai l'éclat,
Désormais j'y prétends atteindre.

Ensemble.

La mort inutile à l'état
Est la seule qu'on doive craindre.

Horace	Mutius.
Je suis vieux, &c.	Je suis jeune, &c.

ACTE LYRIQUE.

Valerius.

Horace, à ce dernier succès
Trop de célébrité met obstacle peut-être.
L'ennemi t'a vu de trop près
Pour qu'il puisse te méconnoître.

Le Peuple.

Pars, Mutius : mais à tes coups
Si les destins étoient contraires,
Sois sûr de retrouver en nous
Autant de vengeurs que de frères.

Mutius.

O bonheur ! ô choix glorieux !
Le peuple a prononcé.

Horace.

    Je n'ai plus rien à dire :
A ses décrets je dois souscrire,
Et sa voix est la voix des dieux.

Chœur général.

Liberté que son bras seconde,
Toi qu'il défend, veille sur lui.
La cause qu'il sert aujourd'hui
Un jour sera celle du monde.

(*Mutius s'éloigne*).

SCÈNE III.

VALERIUS, HORACE, LE PEUPLE.

Valerius.

Vieillard terrible & généreux,
Je n'aurai pas long-temps enchaîné ton audace.
Ce passage important que l'ennemi menace,
Je le confie à ton bras valeureux.
Le poste le plus dangereux
Doit être le poste d'Horace.

Moi je cours attaquer Porsenna dans son camp
A la tête de notre élite.
Au signal convenu, que dans le même instant
Hors des remparts chacun se précipite.

Le jour à Brutus consacré
Pour les tyrans doit être un jour terrible ;
Et bientôt il aura montré
Qu'un peuple libre est invincible.

Horace.

A t'imiter en tout Horace est préparé.

(*Le Consul sort avec une partie des soldats*).

SCENE IV.
HORACE, LE PEUPLE.
HORACE.

Liberté, flamme active & pure,
Embrâse tout ainsi que moi ;
Le mortel coupable envers toi,
Est coupable envers la nature.
A tes pieds l'orgueil expirant
Frémit de rage en admirant
Ton temple auguste qui s'achève.
Les préjugés sont abattus.
Ce n'est plus que par les vertus
Que sur ses égaux on s'élève.

Mais que veut ce Soldat ?

SCENE V.
Les Précédents, un ENVOYÉ.
Le Soldat.

Romains, un Envoyé
Au nom de Porsenna sur ces bords se présente.

UN ROMAIN.

Lorsque son maître aura ployé
Devant la liberté naissante,
On pourra l'écouter.

HORACE.

Qu'il soit admis, Romains,
Et que, dans ce péril extrême
Il puisse juger par lui-même
Ce que font des républicains.

SCENE VI.

LES PRÉCÉDENTS, LE DÉPUTÉ *suivi de plusieurs Romains captifs & du jeune* HORACE.

HORACE.

Le voici ; qu'apperçois-je ? ô moment d'alégresse !
Mon fils que je croyois victime du trépas,
Mon fils accompagne ses pas.

LE J. HORACE.

Je vous revois, mon père.

HORACE.

HORACE.

Honneur de ma vieillesse,
Viens te jetter entre mes bras.

LE DÉPUTÉ, *après les avoir observés.*

Affligé des malheurs où vous êtes en proie,
Jaloux d'en terminer le cours,
Jaloux de prolonger vos jours,
Romains, c'est Porsenna qui dans ces lieux m'envoie.
Il a vu d'un œil de pitié
D'un peuple et de son roi la longue inimitié.
Du malheur de Tarquin touché moins que du vôtre,
Il vous offre son amitié.

HORACE.

Son amitié ! j'ai cru qu'il imploroit la nôtre.

LE DÉPUTÉ.

A l'accepter il est porté.

HORACE.

Il connoît donc bien peu ce peuple & son génie,
S'il vient la demander sans avoir écarté
De la terre de liberté
Les soldats de la tyrannie.

LE DÉPUTÉ.

De sa sincérité j'atteste pour garants
Ces captifs qu'en ses fers mit le droit de la guerre :
Il vous les rend ; il rend les enfants à leur père,
Il rend le père à ses enfants.

Romains, mettez un prix à tant de bienfaisance.
Les Tarquins, qui peut-être ont abusé des droits
Que leur transmit la suprême puissance,
Instruits par le malheur, à de plus douces loix
Réclament plus d'obéissance.
A ce prix on pardonne à la rebellion.
Mais quel est ce profond silence ?

HORACE.

Celui de l'indignation.

LE J. HORACE.

Tyrans, laissez-moi des entraves
Qui ne blessent point ma fierté.

LE DÉPUTÉ.

Vous refusez la liberté.

HORACE.

Non, nous refusons d'être esclaves.

ACTE LYRIQUE.

LE J. HORACE.

Ces fers sont moins pesants que ceux
Dont nous avons su nous défaire.

HORACE.

Il n'est d'esclavage honteux
Que l'esclavage volontaire.

LE J. HORACE.

Est-il un seul fils, à ce prix,
Qui voulût embrasser sa mère ?

HORACE.

A ce prix, est-il un seul père
Qui voulût embrasser son fils ?

LE J. HORACE.

ENSEMBLE.

Mon père, adieu, séparons-nous,
A votre fils l'honneur l'ordonne ;
Et c'est lorsqu'il vous abandonne,
Qu'il se montre digne de vous.

HORACE.

Adieu, mon fils, séparons-nous ;
La voix de l'honneur te l'ordonne.
Romains, c'est quand il m'abandonne,
Qu'il se montre digne de vous.

LE DÉPUTÉ.

Tant de sublimité m'étonne,
Et malgré moi j'en suis jaloux.

HORACE;

LE J. HORACE.

Aux rois nous n'accordons ni ne demandons grâce.
Aux fers tu peux nous renvoyer.
Partons.

LE DÉPUTÉ.

La réponse d'Horace
N'est pas celle du peuple entier.

HORACE.

En douter, c'est lui faire outrage.

LE DÉPUTÉ *au* PEUPLE.

Souscrivez-vous à ce traité ?

UN ROMAIN.

Un traité plus saint nous engage.

UN AUTRE.

Par Brutus il nous fut dicté.

(*Tous les Romains se rassemblent autour du tombeau.*)

» Si dans le sein de Rome il se trouvoit un
  » traître
» Qui regrettât les rois & qui voulût un
  » maître,
   » Qu'il meure au milieu des tourments ;
» Que sa cendre parjure, abandonnée aux
  » vents,

ACTE LYRIQUE.

» Ne laisse plus qu'un nom plus odieux encore
» Que celui des tyrans,
» Qu'à jamais Rome libre abhorre.

LE DÉPUTÉ.

Et moi je jure, au nom des rois,
A vous, à vos enfants une guerre éternelle.

(*Il sort avec les Captifs.*)

SCÈNE VII.

HORACE, ROMAINS.

HORACE.

Aux remparts l'honneur nous appelle.

Romains, entendez-vous sa voix;
Marchons.

(*Plusieurs divisions armées sortent de différents côtés.*)

UN SOLDAT.

Pour traverser le Tibre,
Les ennemis s'avancent vers ces bords.

HORACE.

Pour repousser leurs vains efforts,
Il suffirait d'un homme libre.

HORACE,

LE SOLDAT

D'un vain espoir c'est se flatter.
Du grand nombre ils ont l'avantage.

HORACE.

Le nombre vaut'il le courage !
C'est en les immolant qu'il faudra les compter.

UN AUTRE SOLDAT.

Les arrêter n'est pas dans le pouvoir d'un homme.
Amis, brisez ce pont.

HORACE *s'élançant sur le pont.*

Quoi qu'il puisse en coûter,
Ne songeons qu'au salut de Rome.

(*Les Toscans attaquent le pont défendu par le seul Horace, & que la hache des Romains fait bientôt écrouler dans le Tibre. Le héros s'y précipite après les ennemis, qu'il a lui seul arrêtés.*

LE CHOEUR.

Tombez, fiers ennemis.

UN ROMAIN.

O Rome, ton héros
De ses succès est la victime.

UN AUTRE.

Voyez échapper de l'abîme
Horace triomphant des Toscans & des flots.

ACTE LYRIQUE.

LE CHOEUR.

De Rome intrépide appui,
Jouis de la double gloire
Dont te couvrent aujourd'hui
Et ta fuite & ta victoire.

UN ROMAIN.

Horace, tu nous es rendu.
(*On entend un bruit de guerre*).

HORACE.

Entendez-vous, Romains, le signal attendu ?
Ce pont brisé met-il obstacle à votre audace ?
Marchons à l'ennemi par des chemins nouveaux.
Pour l'éviter j'ai traversé ces eaux,
Pour le chercher je les repasse.
Avançons.

―――――

SCÈNE, VIII.

LES PRÉCÉDENTS, MUTIUS, *la main droite enveloppée dans son manteau*.

MUTIUS.

Arrêtez.

LE CHOEUR

Mutius !

HORACE,

MUTIUS.

Oui, Romains.

HORACE.

Le tyran n'eſt plus !

MUTIUS.

Rome eſt libre.
Porſenna, pour jamais détaché des Tarquins,
S'éloigne en ce moment des rivages du Tibre.

HORACE.

D'où naît ce changement ?

MUTIUS.

Romains, j'ai pénétré
Dans la tente du tyran même.
Ils étoient deux : j'entends contre Rome un
  blaſphême.
Je frappe qui l'a proféré.
C'étoit un courtiſan. Près du roi l'on m'en-
  traîne.
Qui peut, dit Porſenna, t'inſpirer tant de haine ?
Que prétends-tu ? Frapper un roi
Complice de la tyrannie.
J'avois juré, ſur toi, de venger ma patrie.
Trois cents romains l'ont juré comme moi.

ACTE LYRIQUE.

Mon bras seul a trahi mes serments héroïques;
Je l'en veux punir : & soudain
J'étends cette perfide main
Sur l'autel embrasé de ses dieux domestiques.
La foule admire, & le tyran pâlit.
Romain, sois libre, m'a-t'il-dit.
Ton Peuple n'est pas fait pour ployer sous un maître.
Je renonce à mes vains projets.
Un peuple, je le reconnais,
Est libre aussi-tot qu'il veut l'être.

SCÈNE DERNIÈRE.

LES PRÉCÉDENTS, VALERIUS.

Romains, apprenez nos succès,
Ils ont passé notre espérance.

VALERIUS.

La victoire en nos murs ramène l'abondance.
Horace, je te rends ton Fils.
Tarquin fuit loin de Rome ensevelir sa honte;
Romains, je vous l'avois promis.
Il n'est pas de danger que l'homme ne surmonte.

Guèrriers libres & triomphants,
Célébrez vos exploits : désormais Rome compte
Autant de héros que d'enfants.

CHOEUR GÉNÉRAL.

Les rois pesoient sur notre tête.
Chantons la ruine des rois.
Les tyrans usurpoient nos droits,
De nos droits chantons la conquête.
L'homme a repris sa dignité,
Le Peuple est rentré dans sa gloire ;
Le Peuple jure la victoire,
Quand il jure la liberté.

FIN.